U0078583

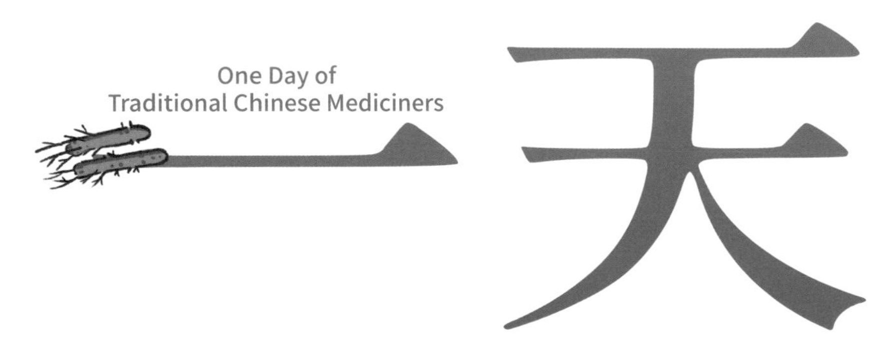

段張取藝工作室　著／繪

三民書局

國家圖書館出版品預行編目資料

醫生的一天／段張取藝工作室 著/繪.——初版二刷.
——臺北市：三民，2021
面； 公分.——（古代人的一天）

ISBN 978-957-14-7029-0（平裝）
1. 中國史 2. 醫師 3. 通俗史話

610.9 109018388

古代人的一天

醫生的一天

作　　者 段張取藝工作室
繪　　者 段張取藝工作室
責任編輯 林汝芳
美術編輯 郭雅萍

發 行 人 劉振強
出 版 者 三民書局股份有限公司
地　　址 臺北市復興北路 386 號 (復北門市)
臺北市重慶南路一段 61 號 (重南門市)
電　　話 (02)25006600
網　　址 三民網路書店 https://www.sanmin.com.tw

出版日期 初版一刷 2021 年 1 月
初版二刷 2021 年 7 月
書籍編號 S630600
I S B N 978-957-14-7029-0

© 段張取藝 2020
本書中文繁體版由湖南段張取藝文化傳媒有限公司
通過中信出版集團股份有限公司授權三民書局
在中國大陸以外之全球地區（包含香港、澳門）獨家出版發行。
ALL RIGHTS RESERVED

圖書許可發行核准字號：文化部部版臺陸字第 109032 號

著作權所有，侵害必究
※ 本書如有缺頁、破損或裝訂錯誤，請寄回敝局更換。

三民書局

前言

一天，對於今天的我們，可以足不出戶，也可以遠行萬里；可以柴米油鹽，也可以通過網路了解全世界。那麼，一個有趣的想法冒了出來：古代人的每一天會怎麼過？我們對古代人的了解都是透過史書上的一段段文字和故事，從沒有想到他們的一天會是什麼樣子。他們是不是也和我們一樣，早上起來洗臉刷牙，一日吃三餐；晚上，他們會有什麼娛樂活動呢？基於這樣的好奇心驅使，我們開始進行創作，想把古代人一天的生活場景展現在讀者面前。

我們在進行「古代人的一天」系列書的創作時，以古代的身分（或職業）來進行分類，有皇帝、公主、文臣、武將、俠客、畫家、醫生、詩人等等。每種身分（或職業）有其不一樣的生活、工作。比如，詩人的日常生活是否像他們的詩歌一樣波瀾壯闊、燦爛精彩？那些膾炙人口的千古名句是在什麼歷史背景下創作出來的？《清明上河圖》、《韓熙載夜宴圖》、《瑞鶴圖》這些享譽海內外的中國名畫的繪者是什麼人？他們幼時是否受過良好的藝術啟蒙？這些畫怎麼樣構思出來的？通過繪畫要表達什麼內容？古代的中醫，如扁鵲、華佗、張仲景等是如何給病人治病？他們像今天的醫生一樣待在醫院上班看診嗎？他們是如何替人診斷的？有哪些傳世的成就？

然而，古代人的一天是無法回溯的，古人對時間的感受也和我們不一樣，為了幫助讀者更好地理解古代人的一天是如何度過的，我們在豐富的歷史資料的基礎之上，架構了古代人的一天。

我們在創作當中精細地設置了時間線，書中的「一天」指的是故事從開始到結束整個過程的時間，而不是嚴格意義上的 24 小時自然時間，書中貫穿每一個人物一天的生活和工作的時間線，也不是按照等分的時間長度來劃分的，時間線的創意設計是為了幫助讀者更容易了解故事發展脈絡。

在《醫生的一天》當中，我們搜集整理了歷史上八位名醫的故事，依據各種考證資料來還原出醫生們一天的生活。古代醫生們做的是懸壺濟世的工作，卻並沒有相應的社會地位，甚至在為君王治病的過程當中還會惹來殺身之禍。醫生們在治病探索的過程中往往還要以身試毒，去尋找治病救人的良藥。在醫生們一天的故事中，讀者能了解古代醫生們對治病救人的鑽研和探索，體會到這個職業的偉大和不易。

在創作《醫生的一天》的具體內容時，需要對一些歷史事件進行濃縮，使一天的內容更為緊湊、豐富，我們借鑑了郭沫若先生在創作《屈原》以及《蔡文姬》的故事時所採用的手法，把精彩的故事濃縮在一天來呈現，這也是為了讓讀者更深入地理解歷史。

希望我們的努力能讓「古代人的一天」成為讀者喜歡的書，能讓讀者從一個新的視角去看待中國歷史，從而喜歡上中國歷史故事。

張卓明

2020 年 3 月

目錄

每個人都有生病的時候，即時醫治，身體就可以痊癒，否則有可能病情越來越重，甚至會喪失生命。古代人也一樣。

古人對醫學的認知局限於當時的科學技術，醫生這個行業在古時候地位並不高，但還是有很多優秀的人加入醫生這個行業，做出傑出的貢獻，他們的努力推動了中國醫學的發展。

接下來，讓我們去看看我們節選了生活在不同歷史時期的醫生們一天的生活吧。

皇甫謐
寒食散不是神仙藥，是毒藥。

葛洪
我除了看病，還煉丹，我是葛仙翁。

王惟一
針灸銅人真的方便我們研究針灸。

李時珍
實地考察研究是我做學問的祕訣。

扁鵲的一天

扁鵲，姓秦，名為越人，春秋戰國時著名醫學家，位居中國古代五大醫學家之首。扁鵲有著豐富的醫療實踐經驗，反對用巫術治病。他善於總結前代經驗、吸取民間偏方，逐步掌握了多種治病方法，發明了望、聞、問、切「四診法」。後來，他的醫術爐火純青，便周遊列國為百姓看病。

齊桓公
扁鵲

巳正三刻 (10:45)
扁鵲看見齊桓公扭頭就跑

這一天，扁鵲在街上遠遠地看見打獵歸來的齊桓公，細看一會兒掉頭就跑，齊桓公覺得很奇怪。

午初 (11:00)
齊桓公覺得扁鵲在故弄玄虛

齊桓公命人將扁鵲攔住，詢問他逃跑的緣由，扁鵲說，齊桓公已經病入膏肓，不是用針灸與湯藥能治好的。齊桓公聽後卻不以為然，明明自己精神好得很，他覺得這肯定是扁鵲在故弄玄虛。

午初二刻 (11:30)
收拾行李準備離開

扁鵲回到客棧，吩咐徒弟即刻收拾行李，離開齊國。

通過把脈診治昏迷的趙簡子

晉國大夫趙簡子突然昏迷，過了五天都沒醒過來，大夫們束手無策。扁鵲為趙簡子把脈，觀看他的面色，聽他的呼吸，又詢問他的侍從們得知趙簡子近日來一直忙於公務，無暇休息。經過一番分析，扁鵲告訴眾人，趙簡子不會有事，三天內必醒。結果，才兩天半，趙簡子就醒了。

午初三刻 (11:45) 徒弟不解

他的徒弟帶著滿腹疑惑，很快收拾好了行李，師徒二人離開了齊國國都。

申初 (15:00) 為什麼要走

路上，扁鵲的徒弟心想，師傅的醫術出神入化，能治好其他大夫都沒辦法醫治的趙簡子，還能讓虢國太子起死回生，醫治好齊桓公的病應該不難呀，為什麼要急急忙忙地逃亡呢？他忍不住問起扁鵲來。

人「死」也可以救活

扁鵲經過虢國，聽說了虢國太子剛剛暴亡。他問明情況之後，判斷其實太子只是休克，並運針診治，對症下藥，經過悉心治療後，虢國太子甦醒了。人們便爭相傳頌扁鵲能起死回生。

師傅連趙簡子、虢國太子都能治好，齊桓公的病應該能治好吧。

申初一刻 (15:15)
事情的緣由是這樣的

聽完小徒弟的疑問，扁鵲摸了摸鬍子，將他與齊桓公之間的故事，向徒弟娓娓道來。

為師第一次見到齊桓公時，他的病在肌膚表層，很容易治療。可是齊桓公並不信任我，認為我想給沒病的人治病，好騙點錢。

過了五天，我又拜見齊桓公，發現他的病已經到了血脈之中，要是不治，將會更加嚴重，可是齊桓公仍不相信我。

又過了五天，等我再次見到齊桓公的時候，他的病已經進入腸胃，要是錯過這個治療時機，疾病就會更加深入身體，可惜齊桓公仍舊不聽。

原來如此！
今天我看到齊桓公，果然如我所料，他的病已深入骨髓，無藥可救，等過幾天他病發時我無法醫治，一定會招來殺身之禍，所以我們只好提前逃走。

申初二刻 (15:30)
要牢記「六不治」

扁鵲說完逃離齊國的緣由，讓徒弟把「六不治」背了一遍。

《扁鵲內經》和《扁鵲外經》

扁鵲奠定了中國傳統醫學診斷法的基礎。《史記》稱扁鵲是最早將脈診應用於臨床的醫生。據說，他將其畢生所學，整理成冊，有《扁鵲內經》與《扁鵲外經》流傳後世。

申正 (16:00)
繼續趕路

聽完扁鵲的分析，徒弟恍然大悟，十分欽佩師傅的機敏，師徒兩人繼續趕路，離開齊國這是非之地。

扁鵲的「六不治」

病有六不治：驕恣不論於理，一不治也；輕身重財，二不治也；衣食不能適，三不治也；陰陽並，藏氣不定，四不治也；形羸不能服藥，五不治也；信巫不信醫，六不治也。

齊桓公就是屬於驕傲固執且不講道理的那種人，你沒有辦法去醫治他。

師傅，我們趕緊走吧！

扁鵲之死

相傳，秦武王在舉鼎比賽時重傷了腰部，疼痛難忍，吃了太醫令李醯的藥也不見好轉，扁鵲將其治好了。秦武王打算重用扁鵲，太醫令李醯心生妒忌，於是派人刺殺扁鵲。不料，陰謀被扁鵲弟子發覺，扁鵲只得匆忙地離開秦國，他們沿著驪山北面的小路逃走，李醯派的殺手假扮成獵戶，在半路上劫殺了扁鵲。

華佗的一天

華佗，字元化，沛國譙（今安徽亳州）人，東漢末年著名的醫學家，鑽研醫術而不求仕途。他醫術全能，尤其擅長外科手術，並精通內科、婦科、兒科、針灸，華佗被後人稱為「外科聖手」、「外科鼻祖」。華佗晚年時，曹操想徵召他為自己治病，但華佗不從，結果被下獄拷問折磨致死。

《三國演義》小故事

古時候的開顱手術只是臆想

《三國演義》中，華佗對曹操說要想徹底根除頭風病，必須先用麻沸散麻醉，再用鋒利的斧頭剖開頭蓋骨，取出大腦裡邊的風涎。疑心病重的曹操聽後，懷疑華佗要藉機謀害自己，便把華佗關進監獄。這是小說的演繹，在古代的醫療條件下進行開顱手術其後果是無法想像的。

華佗治好了周泰

《三國演義》中，與華佗有關的故事真不少，武將周泰在一次戰鬥中為了保護孫權，被刺了十幾槍，奄奄一息。幸虧請來華佗，妙手回春，救回了周泰的性命。華佗自此聲名大噪。

刮骨療毒不是真的

《三國演義》還寫道，關羽在樊城被毒箭射中右臂，毒已入骨，華佗特意趕來醫治。他用尖刀割開關羽受傷的手臂，再刮去骨頭上的毒。關羽一邊喝酒吃肉，一邊和馬良下棋，談笑如常。最後華佗敷藥縫合，治癒了關羽的手臂。其實關羽戰樊城是 219 年，而華佗死於 208 年，他沒辦法為關羽刮骨療毒。

華佗是個好老師

華佗一生有弟子多人，其中彭城人樊阿、廣陵人吳普和西安人李當之，都聞名於世。吳普著有《吳普本草》，李當之著有《李當之藥錄》，樊阿善針灸，這三個弟子後來都成為有名望的醫學家。

辰初 (7:00)
做操

起床後，華佗和他的學生吳普一起練習五禽戲。

人要多運動，身體才健康。
是，師傅！
華佗
吳普

五禽戲

一叫虎戲，二叫鹿戲，三叫熊戲，四叫猿戲，五叫鳥戲。練習五禽戲可以用來防治疾病，同時可使行動更敏捷。五禽戲的動作是模仿虎撲動前肢、鹿伸轉頭頸、熊伏倒站起、猿腳尖縱跳、鳥展翅飛翔等。

虎戲

鹿戲

熊戲

猿戲

鳥戲

辰正 (8:00)
坐診

每天慕名來找華佗求醫看病的人很多，華佗安排吳普診治病人，當吳普碰到病症解決不了的時候，再由他親自把脈診治。

巳正 (10:00)
樊阿回來了

華佗炮製藥材的時候，樊阿從外面出診回來了。樊阿是華佗的另一個得意弟子，他擅長針灸，別人扎針只扎進去四分，他扎的針卻能深入身體一兩寸，治療效果比別人好。

午初一刻 (11:15)
給你一個好東西

華佗給了樊阿一個叫漆葉青黏散的藥方，說：「這是一個能延年益壽的好方子。」

漆葉青黏散

據《後漢書》記載，此方為漆葉末子一斗，青黏十四兩，以此比例配方而成。長期服用，可以除寄生蟲，利五臟，使身體輕便，頭髮不變白。漆葉到處都有，青黏生長在豐縣、沛縣、彭城和朝歌之間。樊阿聽他的話，活了一百多歲。

曹操

華佗

聘用他為專職醫生

曹操有頭痛病，華佗給他針灸後疼痛緩解了不少。曹操想留華佗做他的專職醫生，可是華佗想念家鄉，不願留下，便藉口妻子生病告假回了家。

未正二刻 (14:30)
許都來人了

這時，門外傳來車馬聲，曹操派的人到了。華佗回鄉後，曹操三番兩次派人來催促華佗前往曹操府裡擔任侍醫，華佗總是以家中妻子的病還沒好為藉口而不肯前往。這一次，曹操派人前來探查，如果華佗妻子真的病了，便賜小豆四十斛，延長假期；如果他的妻子沒有生病，就馬上把華佗抓起來。

申初 (15:00)
欺瞞之罪不可恕

來人通過仔細尋訪探查後，發現華佗的妻子只是裝病，於是立刻命人把華佗抓了起來送入獄中。

> **李成之死**
>
> 軍吏李成得過一種病，咳嗽不停，還吐膿血，華佗給他開藥治好了，還給了他一些藥，告訴他十多年後如果復發就吃這個藥。
>
> 後來李成的朋友得了同樣的病，李成心軟把藥給了朋友。因此，他特地從外地趕來向華佗求藥。沒想到正好碰到華佗被抓，李成不好意思開口。
>
> 十來年後，李成果然舊病復發，無藥可吃，最終死了。

申正一刻 (16:15)
荀彧為華佗求情

荀彧勸曹操說：「華佗醫術高超，關係到很多人的性命，應該寬大處理。」但曹操沒有聽進去。

亥正 (22:00) 華佗之死

華佗在獄中著了一本醫書，他臨死時拿出交給獄吏，並說這本書可以拿來救人。獄吏害怕觸犯法律不敢接受，華佗也不勉強，把書扔進火裡燒了。

世上沒有後悔藥

曹操殺了華佗之後沒多久，曹操最喜愛的兒子曹沖得了重病，最終不治而亡。曹操十分後悔殺了華佗。

外科手術

華佗是中國歷史上第一個外科手術專家，世界上第一種已知麻醉劑「麻沸散」的發明者，比美國牙科醫生摩爾頓在 1846 年使用乙醚麻醉要早 1600 多年。

張仲景的一天

張仲景，名機，南陽（今河南南陽）人，東漢末年，國家戰亂頻繁，瘟疫肆虐，民不聊生，張仲景目睹民間疾苦，立志勤求古訓，博採眾方，用自己的醫術拯救百姓。他廣泛收集民間藥方，結合自己的臨床經驗，終於寫成醫學巨著《傷寒雜病論》。

張仲景

出什麼事了？

他剛剛上吊了。

辰正 (8:00)
出什麼事了

張仲景一路行醫回到了南陽，只見路上一群人圍著一個躺在地上的人議論紛紛，旁邊還有女子在哭泣。張仲景過去一問，才知道躺在地上的人因為窮得活不下去了，一時想不開便上吊了，被人們救下時已經不能動彈了。

辰正一刻 (8:15)
還可以救一救

張仲景得知他上吊的時間不太長，便趕緊吩咐人們把這人放在床板上，並蓋上棉被為他保暖。

辰正二刻 (8:30)
奇怪的救人手法

他叫來兩個身強力壯的年輕人，一個人用腳蹬著那人的肩，用手挽著頭髮慢慢拉著，使他的頭部後仰，氣道暢通；另一個人則有節奏地按壓他的胸部。

心肺復甦急救術

張仲景研究出來了一套心肺復甦急救術，這也是最早記載在《傷寒雜病論》的心肺復甦急救術。

辰正三刻 (8:45)
大家都看不明白

張仲景自己則叉開雙腳，蹲在床板上，抬著那人的手臂一屈一伸，一鬆一壓，還從腹部下方往上揉壓，幫助病人通氣。

巳初 (9:00)
病人有呼吸了

不到半個時辰，病人竟然有了微弱的呼吸。

巳初一刻 (9:15)
真是神醫

張仲景叮嚀大家不要停止動作，繼續做下去。又過了一會兒，那人終於清醒過來。

醫學寶典

張仲景寫出了一本名叫《傷寒雜病論》的書，這本書成就了他「醫聖」的尊名。書中包括傷寒和雜病兩個部分，原書已經失傳。晉代太醫王叔和根據自己搜尋到的《傷寒雜病論》的傷寒部分的軼文整理成《傷寒論》，宋代王洙、林億、孫奇等人在偶然的機會發現《傷寒雜病論》殘簡，將關於雜病的部分整理成冊，編成了《金匱要略》。《傷寒論》和《金匱要略》在宋代都得到了校訂和發行，並流傳至今。一般將《傷寒雜病論》與《黃帝內經》、《難經》、《神農本草經》合稱「中醫四大經典」。

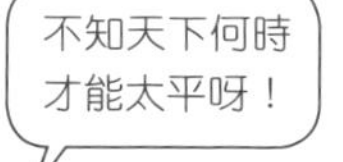

巳正 (10:00)
都是戰爭惹的禍

救下上吊的人後，張仲景繼續趕路。連年的戰亂給百姓帶來了巨大的災難，想到自己無力改變這動盪的人間，他不由長嘆一口氣。

酉正 (18:00)
終於看完了

看完今天的病人，張仲景累得筋疲力盡，徒弟們雖然年輕些，但病人太多他們也吃不消了。

戌初 (19:00)
自身的衛生很重要

看診結束後，已是傍晚時分。但瘟疫流行的時候，一定要注意防護，張仲景讓徒弟備好草藥水，清潔洗浴。

戌正 (20:00)
記錄病例

張仲景吩咐徒弟早點休息，自己則認真記錄病例，編寫《傷寒雜病論》。

亥正 (22:00)
夜深人靜需勤奮

在幽暗的油燈下，張仲景細心地整理以前記錄的行醫筆記，將治療瘟疫的新藥方添進筆記中。

「坐堂醫」的由來

張仲景任長沙太守期間，正值瘟疫流行，他把診所搬到了長沙府衙的大堂（也就是官府的大廳），公開看診，首創了名醫坐大堂的先例。他的這一義舉，被傳為千古佳話。後來人們為了紀念張仲景，便把坐在固定地點內治病的醫生通稱為「坐堂醫」。

王粲的眉毛

王粲二十多歲時，張仲景對他說：「當你四十歲的時候，你的眉毛會脫落，半年後會病死，現在先服用五石湯，有可能會沒事。」王粲不聽他的勸告，到四十歲的時候果然眉毛脫落，半年後便去世了。

徒弟是個婦科、兒科醫生

張仲景的弟子衛汎，擅長醫治婦女、小孩的病，不過在《傷寒論》、《金匱要略》中卻沒有這方面的記載，可能在戰亂中散失了。

眼光獨到的何顒

何顒是張仲景的同鄉，他曾對張仲景說：「你的思考很深入，但為人並不高調，日後必定會成為一代名醫。」

董奉的一天

董奉，字君異，號拔墘，侯官（今屬福建）人，東漢建安年間著名的醫學家，醫術精湛、醫德高尚，與張仲景、華佗齊名，並稱「建安三神醫」。

巳初 (9:00)
世外桃源

這一天，董奉行醫來到交州。太守士燮在天下大亂的時候，還能保全交州這一州之地二十多年沒有什麼戰爭災禍，四鄰都安分守己，百姓都安居樂業，董奉十分欽佩，覺得這裡簡直是一片世外桃源。

巳初一刻 (9:15)
聽聞太守病逝

董奉聽到了一個糟糕的消息，太守士燮得了重病，逝去已有三日了。

巳初二刻 (9:30)
前去府邸探望太守

治病救人，正是醫者的本能。董奉決定前往太守府探望太守，也許他還有救。

巳正二刻 (10:30)
來了救星

董奉來到太守府，只見士燮躺在床上，為他診脈後發現他還沒死，但也在垂死的邊緣了。

午初一刻 (11:15)
奇蹟發生

一刻鐘的工夫，奇蹟發生了，只見士燮的雙眼慢慢睜開，手腳也能動彈了，臉色也慢慢紅潤起來。

午初 (11:00)
神奇的藥丸

董奉檢查完病情後，心裡有了定論。只見他拿出三顆黑色的藥丸放進士燮口中，用水送服，再捧起士燮的頭輕微搖晃使藥丸消溶。

看病不收錢

董奉後來隱居在豫章郡廬山，他行醫治病從不收人錢財。但是卻有一個特殊的要求：小病治好了要在他家門前種一棵杏樹，大病治好了，要種五棵杏樹。

杏林春暖

董奉行醫多年之後，家門口就已經種植了十萬多棵杏樹。董奉在林子裡蓋了一間倉房，並在門口貼了一張告示：如果有人想買杏，就用一筐穀換一筐杏。就這樣，董奉每年都可以用杏換取大量的糧食，他用這些糧食接濟窮人，一年就能發放兩萬斛糧食。後來，對於醫術高明、醫德高尚的醫生，人們都用「杏林春暖」、「譽滿杏林」來稱頌和讚揚。

謝謝先生救命大恩！
不用謝！

酉初二刻 (17:30) 飄然而去

半天過後，士燮恢復到能坐起來，董奉叮囑道，幾日後，太守大人有了力氣，就能開口說話了。在太守的千恩萬謝下，董奉辭別太守一家人，繼續遊歷。

午初二刻 (11:30) 跪謝董奉

士燮的家人欣喜萬分，紛紛跪謝董奉。董奉擺擺手，說道：「哪有什麼神仙下凡。太守治理南越，百姓都安居樂業，他的功德人人稱頌，我很樂意幫助他。」

先生真是神仙下凡呀！

董奉

《太平廣記》

《太平廣記》是一部小說總集，由北宋的李昉等人奉皇帝的命令編纂而成。全書共五百卷，另附目錄十卷，分為九十二大類。採錄自漢至北宋初年的小說、筆記、稗史等四百多種，保留了大量古代小說的資料。董奉的故事在《太平廣記》中有記載。

皇甫謐的一天

皇甫謐，字士安，晚年自號玄晏先生，西晉醫學家、史學家、針灸學家。他為人高風亮節，多次拒絕朝廷徵召出仕為官。後臥病在床，仍然忍痛著書，有《針灸甲乙經》傳世，這是中國現存最早的針灸學專著。他博學多才，在文學、史學上也有很高的成就。

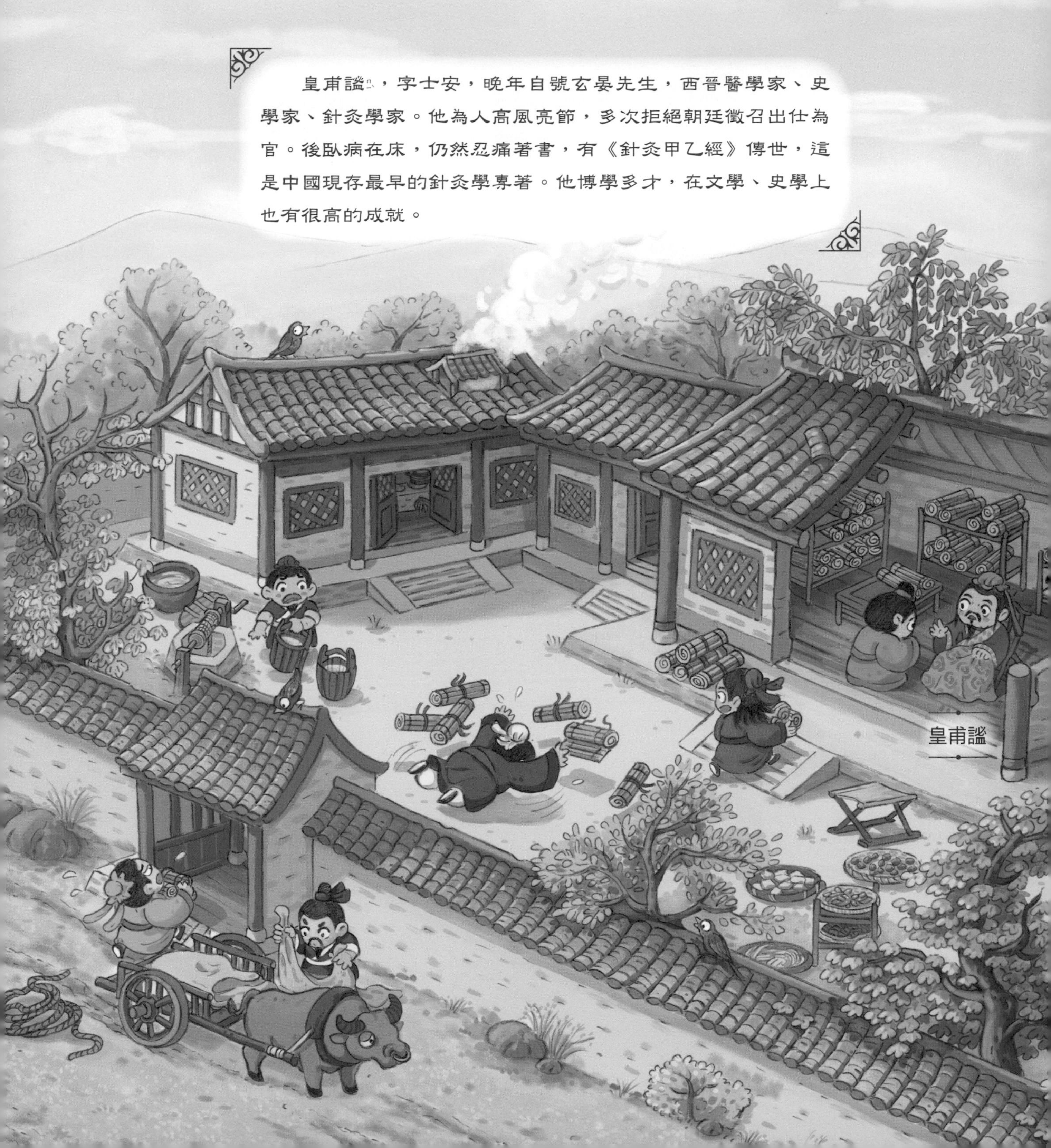

皇帝送來一車書

皇甫謐看著滿滿一屋子的書，心裡十分高興。晉武帝司馬炎多次召他去朝廷當官，都被他婉言謝絕了，皇帝也沒有生氣。他向皇帝上書請求借書，沒想到皇帝竟然送了他滿滿一車書，這讓他很感動。

皇甫謐早年貪玩不讀書，被他的叔母教育以後幡然悔悟，從此潛心鑽研典籍，廢寢忘食，人們稱他為「書淫」。

皇甫謐與洛陽紙貴

西晉文學家左思花了十年寫成了一篇氣勢恢宏的《三都賦》，但因左思出身寒門，《三都賦》沒人願意欣賞。左思拿著文稿請皇甫謐提意見。皇甫謐看完後十分喜歡，還幫他寫了序。此後，《三都賦》迅速流行起來，人們爭相傳抄，以至洛陽的紙價都跟著上漲。

苦著《針灸甲乙經》

中年以後，皇甫謐飽受疾病折磨，決心從事醫學研究。他在病痛折磨中整理各種資料，並在自己身上做針灸試驗，終於完成了《針灸甲乙經》，這是中國現存最早的針灸學專著。

風痺症

痛風病，風寒濕邪流注於經絡關節而引起，發作時十分痛苦。

巳初二刻 (9:30) 要不要試試寒食散

皇甫謐躺在床上翻看醫書，正看到關於寒食散治病的記載，突然想到周圍的人都在使用寒食散（又稱五石散）以求長生不老，於是心中有了一個大膽的想法：要不用寒食散來治自己的風痺症？

巳正二刻 (10:30) 試藥

皇甫謐買來寒食散，將之溶於溫酒後服下，接著靜觀身體的變化。

巳正三刻 (10:45) 燥熱難當

服藥後沒過多久，皇甫謐整個人就開始發起熱來，只見他臉色通紅，豆大的汗珠從額頭上滾落下來。皇甫謐忍不住掀了被子，將自己的衣服扯開。

寒食散盛行的原因

魏晉時期，崇尚道教，迷信盛行，人們想通過煉丹、服石來實現長生不老。據傳，三國時期，曹操的養子何晏在吃了一種叫「寒食散」的藥劑之後容光煥發、精神飽滿。何晏曾說：服食寒食散，即使不為了治病，也能讓人神清氣爽。此後，幾百年間，在貴族之間、文人之間，服用之風盛行。

魏晉時期醫生的前途

魏晉時期門閥觀念極重，這種門第觀念，在醫學教育上也起過作用。醫學都是家業，世世相傳，門閥世醫往往是「醫優而仕」、「亦仕亦醫」，這也是古今中外罕見的現象。

午初二刻 (11:30)
頭痛欲裂

皇甫謐繼而開始感到頭痛欲裂，頭暈目眩，眼前發黑，他開始用頭撞牆想緩解這痛苦的症狀。

未正 (14:00)
拔刀欲自絕

皇甫謐實在痛苦難當，無法排解身上的熱，他目光落到桌上的匕首，抓起匕首就想刺下去，幸好被他的叔母看見連忙攔了下來。

午正 (12:00)
全身腫痛

緊接著，四肢、面頰都開始浮腫起來，就連舌頭也開始潰爛，全身腫痛難忍，皇甫謐發出痛苦的呻吟。

亥正 (22:00)
「長生藥」其實是毒藥

皇甫謐以身試藥，發現了寒食散巨大的毒副作用。他寫了一篇《寒食散論》來批評當時的服石之風，並指出了調節之法。

唐朝著名醫藥學家孫思邈也在其著作《千金要方》中指出，寒食散有劇毒，千萬不要輕易嘗試！遇到它就趕緊燒了吧！

藥王孫思邈與寒食散

其實早在皇甫謐之前，服用寒食散這樣的礦物藥劑會導致中毒身亡的現象，已得到眾多醫生的關注，於是為了降低藥物毒性，醫生們開始嘗試往藥方中加入非礦物類藥物，如草藥、穀物、蟲等。這些舉措相當程度降低了礦物藥劑的毒性，但並沒有改變藥方仍以礦物為主，一定機率會毒害服用者的情況。直到唐代名醫孫思邈編成《千金要方》後，人們才不再服用寒食散。

孫思邈

唐朝著名醫藥學家，對藥方的改進和推廣應用帶來深遠的影響，代表著作有《千金要方》、《千金翼方》等。民間關於他的傳奇故事層出不窮，被後世冠以「藥王」的稱號。

哎呀！中毒啦！

「藥王」也栽過跟斗

和皇甫謐一樣，孫思邈也有服散經歷，並同樣遭遇過中毒情況，差點喪命。

不能再讓大家服用寒食散了！

取精華，去糟粕

服用寒食散差點喪命的經歷讓孫思邈更清楚地認識到寒食散有劇毒的事實，進而反對當時服散的風氣。

「藥王」的藥方

透過對前人的總結和自身實踐，孫思邈拓寬了外用藥的診治範圍，涉及婦科、兒科、皮膚科、耳鼻喉科、傷寒、美容等。另外，其在藥劑種類方面也增加了多樣性，《千金要方》中常出現的藥劑種類就有膏、粉、丸、散、煙燻等。

寒食散

據說是張仲景為治療傷寒而發明的一種礦物藥劑，孫思邈的《千金翼方》也有提及。寒食散的組成成分說法不一，流傳較廣的說法中，其主要成分為紫石英、石鐘乳、硫黃、赤石脂、朱砂。

太一神精丹

出自《千金要方·卷十二》，在治療瘧疾上成效立見。其核心原料在於嚴格控制劑量的砒霜（劇毒）。孫思邈用砒霜治瘧疾足足比西方早1000多年。

我的《千金要方》快

古代醫藥大革新

孫思邈對煉丹有豐富的實踐經驗，因為他經常生病，所以他常拿自己試藥，最後對哪些礦物有毒、哪些礦物無毒了然於胸，後來他嘗試將多種礦物組合燒製得到方劑。

約在唐永徽三年（652 年），孫思邈完成著作《千金要方》。在書中，孫思邈在藥劑配方上一改傳統的以礦物藥物為主的用藥風格，轉而替換成相對無毒的非礦物藥物，這是中國古代醫藥應用的一大進步。

先生醫術高超，救了小兒
一命，我把這本仙書送給
您，表達我的感激之情。
送我這麼好的寶貝，
龍王爺太客氣了。

海上仙方傳說

由於孫思邈醫術實在高超，以至於民間流傳孫思邈的藥方是東海龍王相贈的故事。在故事中，孫思邈治好了龍王三太子，為表感謝龍王便將龍宮所藏《海上仙方》送給了他，後來孫思邈便用仙方治好了許多疑難雜症，並使之在民間流傳。

這個煉丹成仙估計難，
治病好像有可能。

既是醫生也是道士

除了行醫學醫，孫思邈還研究道教中關於丹藥和養生方面的知識，其發明的藥方有不少正是源自煉丹材料。在思想上，尤其是醫德方面，孫思邈也深受道家影響，他在《千金要方・大醫精誠第二》提出的醫生應以拯救蒼生為己任，要有慈悲心的觀點正是這方面的集中體現。

藥王廟

由於孫思邈活了一百多歲又醫術高超，又有不少傳奇故事流傳後世，於是人們便為孫思邈修廟紀念他。到了宋代，孫思邈正式被朝廷追封為「妙應真人」，曾居住過的位於河南焦作的天仙廟也改稱為藥王廟，成為全國藥王廟的祖廟。

葛洪的一天

葛洪，字稚川，東晉丹陽句容（今江蘇句容）人，著名的醫藥學家、養生家、煉丹術家、道學家、文學家，是嶺南醫學的開山之祖，他著有《肘後備急方》、《玉函方》、《抱朴子》、《神仙傳》，其中《肘後備急方》記載的青蒿截瘧啟發了青蒿素的發現。

恙蟲病和天花

葛洪遊歷尋找用於煉丹的礦石期間，曾遇到過兩種傳染病：恙蟲病和天花。他是中國最早將這兩種傳染病記錄在案的人。

辰正 (8:00)
聽說一種怪病

　　葛洪行醫至靈峰山下，休息時聽路人說起一種怪病。據說得這個病的人非常痛苦，受不得一點刺激，只要聽見一點聲音，就會抽搐痙攣，甚至聽到倒水的響聲也會顫抖。葛洪聽到後，十分好奇。

辰正二刻 (8:30)
探訪病人

　　聽完大家七嘴八舌的議論，葛洪向大家詢問病人的住址，帶著好奇和疑問去病人家裡一探究竟。

巳初 (9:00)
判斷病情

葛洪見到病人，果真如路人所言，他極度恐水，不能見水，對光也很敏感，怕風，葛洪詢問他的家人，得知他是被瘋狗咬傷。

巳正 (10:00)
就地取材熬點藥

葛洪就地取材，搗藥，煎藥，他開的藥方，所用的藥材，都是常見的、容易得到的、能夠備急的藥，普通百姓花很少的錢就能買到的藥。

《黃帝內經》

《黃帝內經》是中國最早的醫學典籍，分《靈樞》、《素問》兩部。

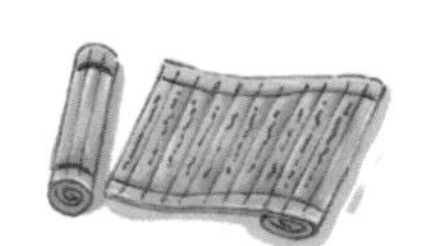

巳正三刻 (10:45)
常規性治療

葛洪給病人遞藥時差點被咬傷，好不容易餵下藥，竟無半點效果。

午初 (11:00)
不如以毒攻毒

《黃帝內經》裡說，治病要用「毒」藥，沒有「毒」性治不了病。葛洪想以毒攻毒，他想，能不能從瘋狗身上想想辦法呢？

未初 (13:00)
大膽求證

於是他命人捕來瘋狗，殺死後，再取出腦組織，研磨後敷在病人的傷口上。

《肘後備急方》

葛洪所著，是中國第一部臨床急救手冊，該書主要記述各種急性病症治療方藥，以及外治之法如針灸等，並略記個別病的病因、症狀等。例如提倡用瘋狗的腦組織敷在創口治療狂犬病，被認為是中國免疫醫學思想的萌芽。

申初 (15:00)
居然有效果

狂犬病患者的症狀有所緩解，葛洪欣喜不已，急忙將此病記錄於《肘後備急方》。

不慕名利，一心修道

葛洪年輕時，曾率領軍隊鎮壓石冰領導的農民起義，因為軍功而被封伏波將軍，但他不留戀功名利祿，辭官去洛陽尋訪異書、祕笈，一心煉丹修道。

葛洪

申正二刻 (16:30)
深埋屍體

葛洪吩咐村民必須將瘋狗屍體深埋。

鮑　姑

中國古代四大女名醫之一，晉代著名的煉丹術家，精通灸法，是中國醫學史上第一位女灸學家。

早期的化學家

在葛洪的著作中，記載了雌黃和雄黃加熱後昇華，直接成為結晶的現象。

這兩種材料放在一起，不知道會煉出什麼東西來。

老師對我太好了。
鮑靚
鮑姑
葛洪

拜南海太守為師，娶鮑姑為妻

葛洪曾拜南海太守鮑靚為師，進一步修習道術，又深得鮑靚器重，鮑靚將女兒鮑姑許配給葛洪做妻子。

酉初 (17:00)
再次啟程

葛洪離開了靈峰山，在行醫濟世的路上繼續奔波。

《抱朴子》

《抱朴子》闡述了葛洪的生命哲學理論，外篇論述人間得失，評論世事，內篇總結了養氣存神、恬淡寡欲的養生之道。

沒事寫寫書吧。

王惟一的一天

王惟一，北宋醫官，擅長針灸。宋仁宗統治期間擔任過翰林醫官、朝散大夫、尚藥奉御。1023 年，奉宋仁宗之命主持編撰《銅人腧穴針灸圖經》一書，1027 年，他又主持設計鑄造針灸孔穴銅人模型，天聖針灸銅人是中國醫學史上最早的醫學教育模型，對宋代及後世針灸學的發展影響深遠。

古代的口腔衛生法

孫思邈的《千金要方》中記載過，把一撮鹽放在口裡，含一口水，用薄布包起手指擦拭牙齒。

卯初 (5:00)
起床洗漱

今天是一個大日子，太醫王惟一起了個大早。簡單地漱洗之後，趕往了醫官院。

太　醫

太醫始於秦代，也稱御醫，是專門為帝王、宮廷及官宦上層服務的醫生。

醫官院

翰林醫官院，簡稱醫官院，宋代管理醫藥事務的機構，主要管理宮廷中的醫藥事務，同時管理民間疾病醫治問題。

卯正二刻 (6:30)
銅人完工的大日子

醫官院請將作院鑄造的兩座針灸孔穴銅人，已經製作完成。這可是一件盛事，皇帝也將親臨觀禮，王惟一和醫官院的同事們，一起趕往將作院。

宋代大藥房

宋代有專為皇室製藥的機構「尚藥局」和「御藥院」，有官方主辦的為平民製藥的機構「和劑局」，也有專為老百姓提供藥品的機構——太平惠民局，老百姓可以在太平惠民局買藥。

宋代福利院

宋代設有地方醫療救濟機構，如安濟坊，專門接收沒錢看病的窮人。北宋初年，在京城設立了東、西、南、北共四個福田院，用來接收老疾孤幼及無所依靠的乞丐。

辰初 (7:00)
大家情緒高漲

到將作院的時候，院裡已經擠得水泄不通，王惟一從人群裡艱難地擠了進去。大家都想看看做出來的銅人是什麼樣子，所以情緒都很激昂。

巳正 (10:00)
銅人的真面目

宋仁宗駕臨將作院，這兩個耗時一年打造的銅人激發了皇帝濃厚的興趣，他迫不及待地想看看銅人的樣子。王惟一揭開了蓋在銅人身上的綢布，銅人真面目展現在大家面前。

巳正三刻 (10:45)
針入汞出

王惟一負責為皇帝講解銅人的使用方法。

銅人裡面有木製的五臟六腑，先用黃蠟封住穴位，再灌入水銀，後密封。針扎對穴位，水銀就會流出來。
這個銅人還可以用來考醫官院的學生。
好！現在是天聖五年，就依年號取名為天聖針灸銅人吧。

午初 (11:00)
給銅人取個名字

王惟一講解完，眾人紛紛誇讚，宋仁宗也頻頻點頭。王惟一請皇帝為銅人賜名。

醫官考核

宋代需要通過考試才能成為醫學生，成績優秀者才能成為醫官，王惟一撰寫的三卷《銅人腧穴針灸圖經》就是考試內容之一。

午初一刻 (11:15) 讓百姓都看看吧

銅人如此壯觀，宋仁宗十分滿意，他認為銅人應該讓百姓們也能看得到，下令將其中一個銅人放在相國寺，王惟一領命。

一個銅人放在醫官院，供學習考試，
另一個銅人放相國寺！

《銅人腧穴針灸圖經》

王惟一著，書中考證了人體的三百五十四個穴位，詳細記載了位置和適應症，還繪製了十二經穴圖十二幅及經脈圖三幅，以便人們更直觀地研究學習。

申正二刻 (16:30) 了不起的王惟一

王惟一命人運來幾塊石碑，並刻上字，在相國寺內建成「針灸圖石壁堂」，好讓天聖針灸銅人與《銅人腧穴針灸圖經》互相參照。後來，人們又將此殿改名為仁濟殿。

王惟一

未正 (14:00) 銅人出行，轟動全城

下午的時候，銅人從宮中運出，消息一出，京城的老百姓爭相前來觀看。

珍貴的天聖針灸銅人

1232 年，元朝派遣使節到南宋威逼索要針灸銅人。懼於元朝的威懾力，南宋朝廷只得將天聖針灸銅人獻出。《元史．阿尼哥傳》記載：因天聖針灸銅人歷經兩百多年，歲久闕壞，急需修繕。1260 年，元世祖忽必烈廣召天下能工巧匠，最終詔命擅長雕塑的尼泊爾人阿尼哥修復天聖針灸銅人。阿尼哥經過四年的努力，終於將銅人修復如新，因此受到元世祖忽必烈的嘉獎。

李時珍的一天

李時珍，字東璧，晚年自號瀕湖山人，明代著名醫藥學家，湖廣蘄州（今湖北省蘄春縣）人。曾擔任楚王府奉祠正、太醫院院判。他去世後朝廷追封他為「文林郎」。

辰正一刻 (8:15)
蘄州有奇蛇

蘄州有一種白花蛇，被稱為蘄蛇，相傳製成藥材後，對風濕、中風等疾病有神奇的療效。前人的醫書上有很多關於蘄蛇形態、特徵的記載，李時珍不能確定書上的知識是否正確，於是他決定親自去市場上察看。

正宗的蘄蛇，包治百病！

巳初二刻 (9:30)
市場尋蛇

市場上人聲鼎沸，叫賣聲不絕於耳。李時珍穿梭於人群之間，尋找賣蘄蛇的攤位。突然一陣吆喝聲引起了李時珍的注意。

真正的蘄蛇在龍峰山上，要找那裡的捕蛇人才能抓到。

巳正 (10:00)
原來是假的

李時珍接連看了好幾家攤販，發現這些售賣的蘄蛇在花紋和形體上都有很大差異，覺得很奇怪，便四處打聽。一個老先生看著李時珍這麼有心想知道，終於道出其中的祕密。原來市面上的蘄蛇多是從江南的興國州（今江西省境內）捕來的，並不是真正產於蘄州的蘄蛇。

未正 (14:00)
蹲守

李時珍在山腳下尋到了捕蛇人，對他說明了來意，捕蛇人聽了之後答應帶他上山抓捕蘄蛇。捕蛇人將李時珍領到了蘄蛇常常出沒的地方。這是一處山洞，外面雜草叢生，多石南藤。兩人在一處灌木叢中蹲了下來，耐心等待蘄蛇的出現。

酉初 (17:00)
捕蛇

太陽偏西的時候，一條七八寸長的蘄蛇從山洞裡出來，慢慢爬上石南藤，吃著上面的花葉。說時遲那時快，捕蛇人向蘄蛇身上撒了一把黃土，然後將鐵叉飛擲過去，那條蛇被釘住後就一動不動地躺在那裡了。

酉初一刻 (17:15)
真正的蘄蛇

兩人將蘄蛇帶回捕蛇人的家裡，李時珍仔細地觀察了一番，認定這才是真正的蘄蛇。

戌正二刻 (20:30)
寫書

李時珍告別捕蛇人之後，急匆匆回到了家，他將白天的收穫一一整理，然後開始編寫《蘄蛇傳》。

寫完這一章，今天的工作就完成了。
老師，您休息一下吧！

「藥聖」的由來

李時珍發現歷代《本草》都有一些謬誤和缺漏，於是下定決心重新編訂。他耗費二十七年的時間，三次修編之後，完成了《本草綱目》這部巨著，共有五十二卷。後人因此稱他為「藥聖」。

古代計時方式

【古代十二時辰與現代 24 小時制對照圖】

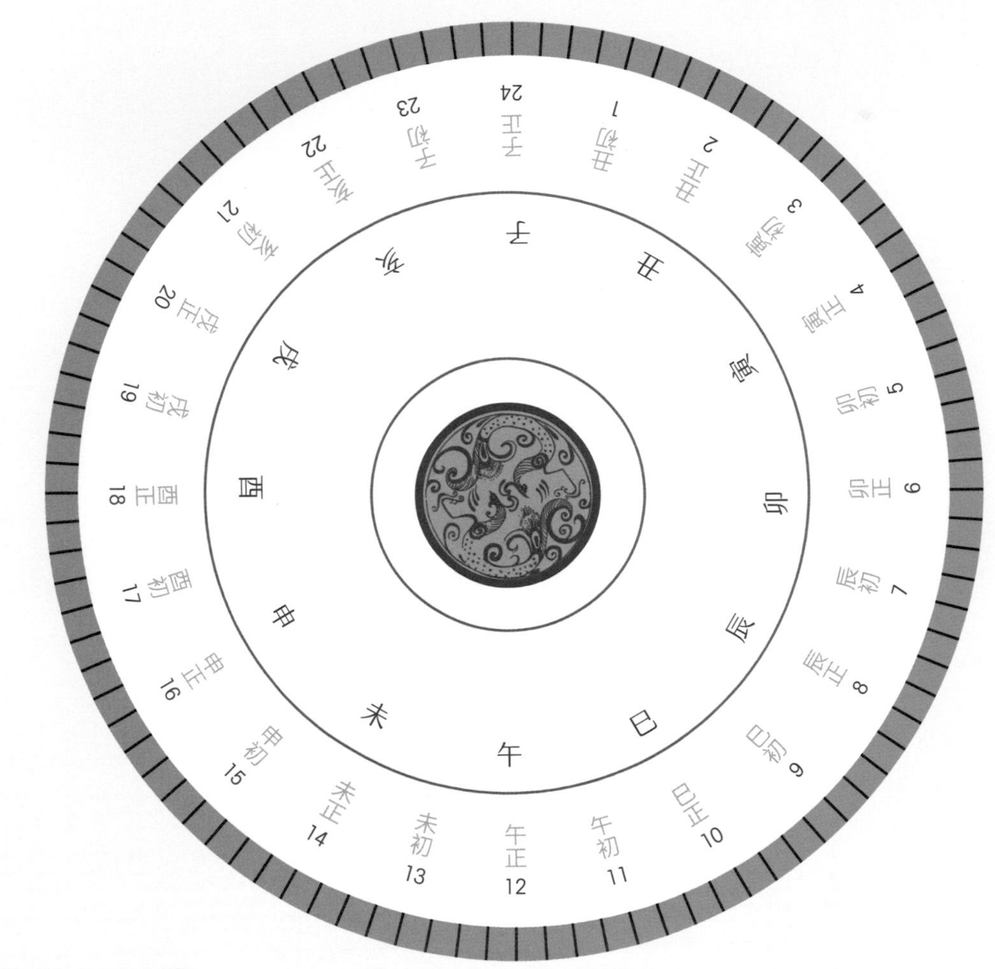

一刻等於十五分鐘

約西周之前，把一天分為一百刻，後來又改百刻為九十六刻、一百零八刻、一百二十刻。所以不同時代每個時辰對應的刻度可能會有差別。《隋書．天文志》中記載，隋朝冬至前後，子時為二刻，寅時、戌時為六刻，卯時和酉時為十三刻。到了清代，官方正式將一天定為九十六刻，一個時辰（兩個小時）分八刻，一小時為四刻，而一刻就是十五分鐘，一直沿用至今。

時辰的劃分

時辰是中國古代的計時方法。古人把一天分為十二個時辰，並用十二地支來表示時辰。如：子時 (23:00–1:00)、丑時 (1:00–3:00)，以此類推。到唐代以後，人們把一個時辰分為初、正兩部分，細化了時間劃分，方便了人們的生活。

晨鐘暮鼓

古代城市實行宵禁，定時開關城門，在有的朝代，早晨開城門時會敲鐘，晚上關城門的時候會擊鼓。鼓響了之後，在城內、城外的人都要及時回家，不然城門一關就回不了家了。

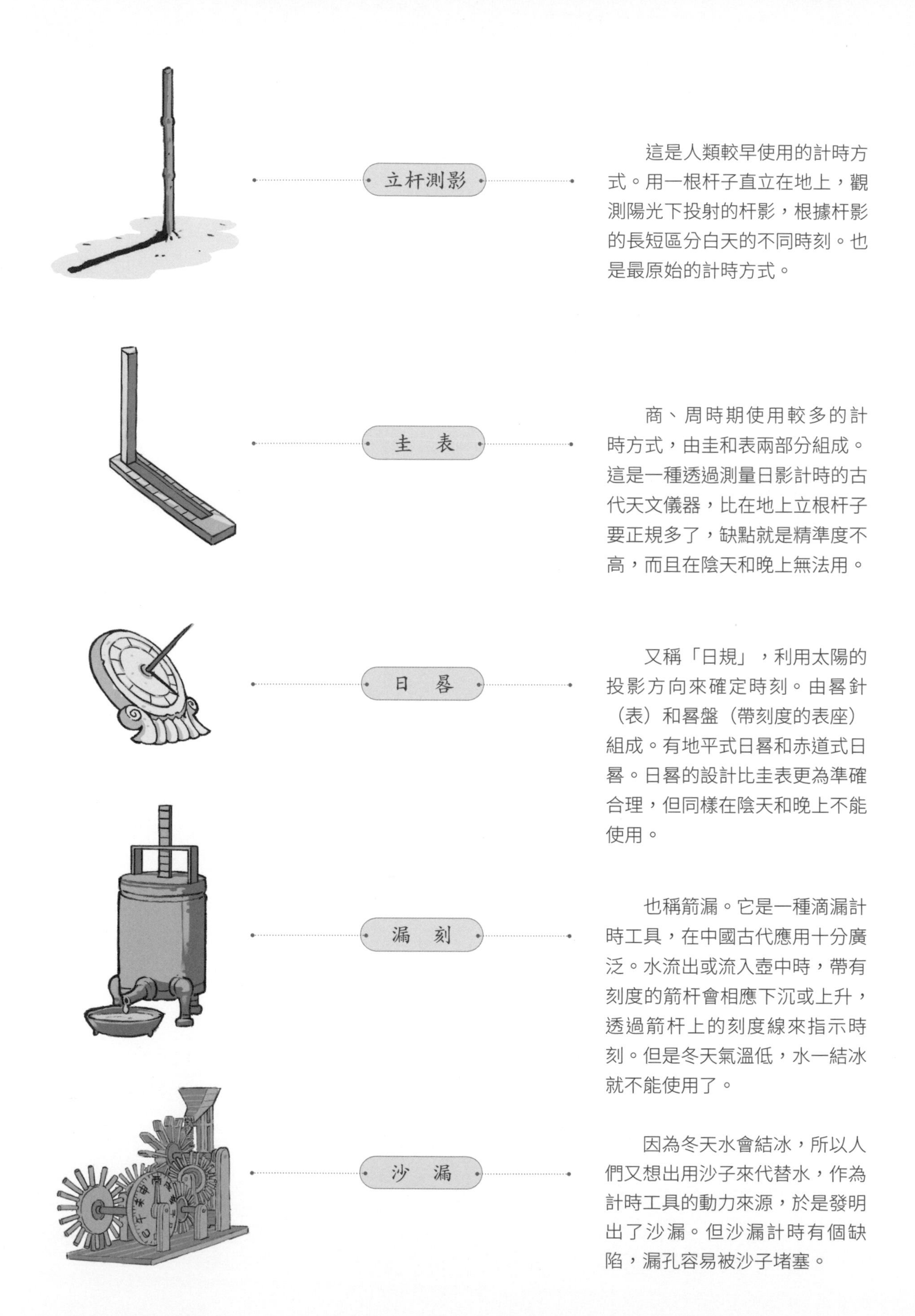

立杆測影

這是人類較早使用的計時方式。用一根杆子直立在地上，觀測陽光下投射的杆影，根據杆影的長短區分白天的不同時刻。也是最原始的計時方式。

圭　表

商、周時期使用較多的計時方式，由圭和表兩部分組成。這是一種透過測量日影計時的古代天文儀器，比在地上立根杆子要正規多了，缺點就是精準度不高，而且在陰天和晚上無法用。

日　晷

又稱「日規」，利用太陽的投影方向來確定時刻。由晷針（表）和晷盤（帶刻度的表座）組成。有地平式日晷和赤道式日晷。日晷的設計比圭表更為準確合理，但同樣在陰天和晚上不能使用。

漏　刻

也稱箭漏。它是一種滴漏計時工具，在中國古代應用十分廣泛。水流出或流入壺中時，帶有刻度的箭杆會相應下沉或上升，透過箭杆上的刻度線來指示時刻。但是冬天氣溫低，水一結冰就不能使用了。

沙　漏

因為冬天水會結冰，所以人們又想出用沙子來代替水，作為計時工具的動力來源，於是發明出了沙漏。但沙漏計時有個缺陷，漏孔容易被沙子堵塞。

世界怪異療法

金屬入藥法

在古代，金、銀和汞等重金屬由於具有幾乎不滅的光澤和其他特徵，而使人們相信其有神奇的力量。不少中國古代帝王將之與藥材混合做成丹藥服用，然而現代醫學證明，這樣做的結果通常是重金屬中毒。

「餓死」疾病

歐洲文藝復興時期的醫生曾把禁食作為治療發熱的手段，後來這種幾乎不吃不喝的治療方式逐漸流行，結果是讓嘗試這種方式的人出現了不同程度的營養不良。

國王撫摸能治病

在中世紀的法國，國王為了證明自己具有上天賦予的治癒力量，會把患病的臣民召集起來進行觸碰。雖然國王的撫摸並沒有治癒病痛的力量，但確實帶給臣民們某種程度的安慰。

泥土解毒法

古時候，生活在地中海附近的人們會把在特殊時間地點採集的黏土當作解毒藥販賣。這種黏土是否真有療效不能確定，唯一能確定的是其中一定有相當多的細菌，甚至寄生蟲。

燙傷止血法

在沒有傷口縫合技術的時代，古人有時會把燒紅的鐵棍貼在病人的傷口上止血。在那時的醫生看來，能止血就不錯了，病人的感受往往不在考慮範圍之內。

活的「手術刀」

由於水蛭吸血時不會使人疼痛，所以中世紀時期的醫生常用水蛭取代刀具為病人進行放血治療。在他們看來，釋放適量的血液能使人的身體重新達到平衡。

酒精注射劑

由於酒精對血管有活性作用，短期內往往能為病人提供比進食糖分更多的能量，於是在十九世紀，歐洲醫生們把酒水也收進了自己的藥庫。其中一種名為白蘭地的酒有時甚至會被直接注射進病人身體，直到後來靜脈注射藥物出現。

燈光治療

科技的進步往往伴隨著新醫療技術的產生。十九世紀，發明了白熾燈泡後不久，一些醫生開始嘗試用集中光束對病人進行治療。被燈光集中照射的病人往往汗流浹背，除了熱，並沒有感受到其他身體變化。

穿著濕衣服到處晃

十九世紀，歐洲一度風行以冷水作為療養的方式。那時的人們會將一件寬鬆的睡袍放入冷水浸泡，再讓病人穿上，任由他們在療養院裡閒逛甚至睡覺。

唐代醫生的從業之路

報名讀醫科學校

唐代從京城到地方都設有專業的醫科學校，如果想從醫，這是個不錯的選擇。

1 選擇專業

入學後，你要選擇一門科目專攻學習，這將決定你日後擅長治癒哪類疾病。

2 刻苦學習

除了學習專攻科目，你還要另外學習草藥知識，透過具體觀察掌握它們的特徵、質地、性狀等。

3 不斷考試

唐代醫學院考試非常頻繁，你需要非常努力才能通過，否則就會被開除。

4 正式入職

通過考試，你將成為專為大臣和皇帝看病的醫生，並獲得相應官職。

5 努力工作獲封賞

因為治好了皇上的病，你獲得了提拔，最後升至醫生能獲得的最高品級（三品）。

家傳

如果你的家人中有醫生，那麼跟著他們學習也是個好方法。

1 代代相傳

教導你的人通常會是你的父親或祖父，除了基本知識，他們還會教你家傳的獨門醫術。

2 在家實習

經過幾年的學習和家人認可，你開始在自家開設的醫館治療病人。

3 繼承家業

隨著你治好的病人越來越多，終於有一天，你正式繼承了家裡的醫館，造福一方。

拜師

要是家中無人學醫，也沒有讀醫校的條件，那麼主動成為名醫的學生也是個好方法。

1 做助手

你會跟在老師身邊打雜，跟著四處行醫，但這能近距離學習治病的方法，並且快速累積經驗。

2 學成出師

多年過去，某天你的老師覺得沒有什麼能教給你的了。從此，你成為一個獨立的醫生。

自學

這是最艱苦的道路，你往往要付出比前三種情況更多的努力，但好處是不受傳統經驗束縛，有利於研究新療法。「藥王」孫思邈就是通過自學學成的。

番外篇 名醫交流會

我們今天來講講大家有些什麼超級厲害的本領。

好啊！

華佗　扁鵲　王惟一　李時珍　孫思邈　葛洪　張仲景　董奉　皇甫謐

王惟一：要說超級厲害的本領，我覺得孫思邈先生給龍治病算一個。
眾　人：對呀，這個太厲害了，我們連龍都沒見過。
孫思邈：說真的，我也沒見過龍，哪來的給龍治病呀！
眾　人：啊，原來是假的。

不不不，那是假的。

王惟一　孫思邈

不不不，沒有的事。

孫思邈　葛洪

孫思邈：我聽說過葛洪先生斷指再植的手術，這個絕對厲害！
眾　人：對呀！這個厲害。
葛　洪：哪有哪有，只是理論而已，沒有實際操作過。
眾　人：啊，原來也是假的。

葛洪

華佗

葛　洪：我聽說華佗先生想開一個開顱取風涎的手術，而且還是給魏武帝曹操做的。

眾　人：這個厲害呀！

華　佗：哪有哪有，那是後人羅貫中寫小說《三國演義》時編的，沒有這回事。

眾　人：這也是假的，太可惜了。

華　佗：我覺得扁鵲先生的換心手術那才是真正的厲害！

眾　人：換心！那是真厲害呀。

扁　鵲：哪裡哪裡，老朽哪有這本事，都是後人胡吹的。

眾　人：這也是假的！那豈不是沒有什麼厲害的東西了。

華佗

扁鵲

張仲景：不知道我的心肺復甦術算不算厲害呢？

眾　人：這……其實也非常厲害。

張仲景：那我這個是真的。

眾　人：太好了，總算有一個真的了。

張仲景

孫思邈

孫思邈：那我也有一個……

眾　人：是什麼？快說來聽聽。

孫思邈：我試過用蔥管導尿。

眾　人：啊！這也行？

董　奉：好像是真的。

眾　人：好吧。

孫思邈

董奉

醫生的一天

參考書目

（漢）司馬遷，《史記》。
（漢）班固，《漢書》。
（漢）戴聖，《禮記》。
（南朝・宋）范曄，《後漢書》。
（後晉）劉昫等，《舊唐書》。
（宋）司馬光，《資治通鑒》。
（宋）歐陽修、宋祁等《新唐書》。
（宋）王溥，《唐會要》。
（宋）李昉等，《太平廣記》。
王其鈞，《古建築日讀》，中華書局。
沈從文，《中國古代服飾研究》，商務印書館。
劉永華，《中國古代軍戎服飾》，清華大學出版社。
劉永華，《中國歷代服飾集萃》，清華大學出版社。
劉永華，《中國古代車輿馬具》，清華大學出版社。
森林鹿，《唐朝穿越指南》，北京聯合出版公司。
森林鹿，《唐朝定居指南》，北京聯合出版公司。
鍾敬文，《中國民俗史・隋唐卷》，人民出版社。
李芽，《中國歷代女子妝容》，江蘇鳳凰文藝出版社。
李乾朗，《穿牆透壁：剖視中國經典古建築》，廣西師範大學出版社。
侯幼彬、李婉貞，《中國古代建築歷史圖說》，中國建築工業出版社。